Bob 要 买票

Bob Yào Mǎi Piào

Simplified character version

©2017 by Terry T. Waltz Published by Squid For Brains Albany, NY USA

With the exception of brief excerpts for academic reviews, reproduction, reformatting or storage in any other format, including change of medium to allow full-class reading, are prohibited without the prior written consent of the copyright holder.

ISBN-13: 9781946626103

Bob 是 高中生。他 不高，也 不太 好看。 他 很 喜欢 一个 同學。

Bob 喜欢的 同學 叫 Janine。她很好看。很多 男孩子 都 喜欢 她。

Janine 很喜欢 Cyley Mirus。
Bob 要 Janine 喜欢他，所以他想请 Janine 跟他去 Cyley Mirus 的音乐会。

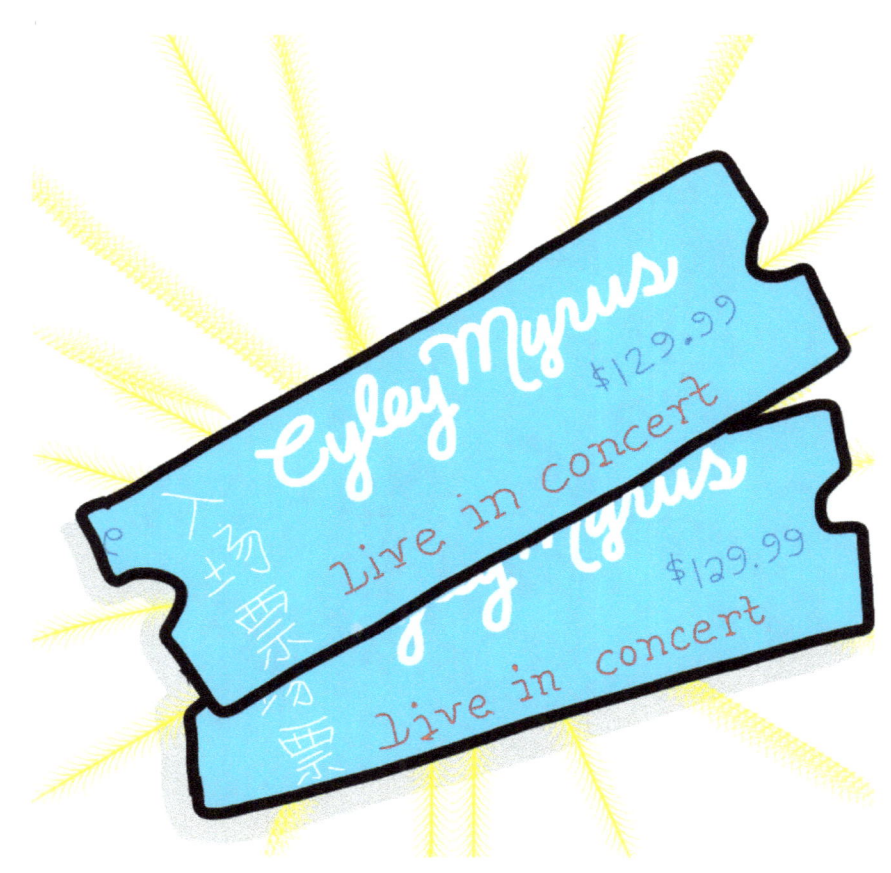

虽然 Bob 不喜欢 Cyley Mirus 的音乐，但是他很喜欢 Janine。所以 Bob 要买兩张票。他要请 Janine 去 Cyley Mirus 的音乐会。

但是 Cyley Mirus 音乐会 的 票 很 难买！Bob 快要 疯狂了！他 打了 电话 给 他 的 朋友。那个 朋友 叫 Justin。

Justin 跟 Bob 说：「PiaoMaster 八点钟就会有音乐会的票。你去那儿买吧！」

Bob 八点钟就去 PiaoMaster。
"PiaoMaster 的票很多。PiaoMaster 会有 Cyley Mirus 音乐会的票吧!"

但是在 PiaoMaster 的人跟 Bob 说：「对不起，我们七点钟就没有票了。」没票了！Bob 快要哭了。

Bob 打了 电话 给 Justin。「我 快要 疯狂 了！你 不是 说 八点钟 去 Piaomaster 吗？Piaomaster 七点 就 没有 票 了！」

Justin 跟他说:「七点钟没有票了吗?倒霉!你去"多买票"买吧!我听说他们十点钟就会有音乐会的票了。」

Bob 十点钟 就在"多买票"。但是,在那儿的人跟他说,"多买票"九点钟就没有了!Bob 很生气。

Bob 打了 电话 给 他的 朋友，很 生气 地 跟他 说：「Justin，"多买票" 没有 了！」

Justin 说:"倒霉!票很难买,对不对?"

Bob 说:"但是我要买两张 Cyley Mirus 音乐会的票,因为我想请一个女孩子跟我去。"

Justin 说："Cyley Mirus 音乐会的票吗？你是倒霉蛋！很难买。但是我就有两张。"

「你有两张吗?你可以给我吗?」

「对不起,不可以。我请了 Janine 去。」

www.ingramcontent.com/pod-product-compliance
Lightning Source LLC
Chambersburg PA
CBHW051252110526
44588CB00025B/2965